Impressum
Verlag: BABADADA GmbH, Nedderfeld 112 , 22529 Hamburg
Geschäftsführer / Verlagsleitung: Harald Hof
Druck: Books on Demand GmbH, In de Tarpen 42, 22848 Norderstedt

Imprint
Publisher: BABADADA GmbH, Nedderfeld 112 , 22529 Hamburg, Germany
Managing Director / Publishing direction: Harald Hof
Print: Books on Demand GmbH, In de Tarpen 42, 22848 Norderstedt

dividir
divide

186/2

el salón de clases
classroom

el pizarrón
board

el patio
school yard

el maestro
teacher

el papel
paper

escribir
write

el bolígrafo
pen

el escritorio
desk

la regla
ruler

el libro
book

el alumno
pupil

la mochila

satchel

la caja de lápices

pencil case

el lápiz

pencil

el sacapuntas

pencil sharpener

la goma de borrar

rubber

el bloc de dibujo

drawing pad

el dibujo

drawing

el pincel

paintbrush

la caja de lápices de color

paint box

las tijeras

scissors

el pegamento

glue

el libro de ejercicios

exercise book

la tarea

homework

el número

number

sumar

add

restar

subtract

multiplicar

multiply

calcular

calculate

la letra

letter

el alfabeto

alphabet

la palabra

word

el texto

text

leer

read

la tiza

chalk

la lección

lesson

el cuaderno de clase

register

el examen

exam

el certificado

certificate

el uniforme

school uniform

la educación

education

la enciclopedia

encyclopedia

la universidad

university

el microscopio

microscope

el mapa

map

el bote de basura

waste-paper basket

el hotel
hotel

el hostel
hostel

la casa de cambio
bureau de change

la maleta
suitcase

el carro
car

el idioma

language

sí / no

yes / no

Órale

Okay

hola

hello

el traductor

translator

Gracias

Thank you

¿cuánto cuesta…?

how much is…?

No entiendo

I do not understand

el problema

problem

¡Buenas tardes!

Good evening!

¡Buenos días!

Good morning!

¡Buenas noches!

Good night!

adiós

bye bye

la dirección

direction

el equipaje

luggage

la bolsa

bag

la mochila

backpack

el invitado

guest

la recámara

room

la bolsa de dormir

sleeping bag

la tienda de campaña

tent

la información turística

tourist information

la playa

beach

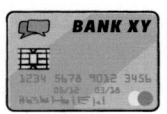

la tarjeta de crédito

credit card

el desayuno

breakfast

el almuerzo

lunch

la cena

dinner

el billete

ticket

el ascensor

lift

el sello

stamp

la frontera

border

la aduana

customs

la embajada

embassy

la visa

visa

el pasaporte

passport

el viaje - travel

el transporte
transport

el avión
aeroplane

el barco
ship

el camión de bomberos
fire engine

el autobús
bus

el camión
truck

la lancha a motor
motorboat

la bicicleta
bike

el carro
car

el ferry

ferry

el bote

boat

la motocicleta

motorbike

la patrulla

police car

el coche de carreras

racing car

el auto para rentar

rental car

la renta de autos

car sharing

la grúa

breakdown truck

el camión recolector de basura

refuse truck

el motor

motor

la gasolina

fuel

la gasolinera

petrol station

la señal de tráfico

traffic sign

el tránsito

traffic

el embotellamiento

traffic jam

el aparcamiento

car park

la estación de tren

train station

las vías

tracks

el tren

train

el tranvía

tram

el vagón

carriage

el helicóptero

helicopter

el aeropuerto

airport

la torre

tower

el pasajero

passenger

el contenedor

container

la caja de cartón

carton

la carretilla

cart

la cesta

basket

despegar / aterrizar

take off / land

la ciudad
city

el pueblo

village

el centro de la ciudad

city centre

la casa

house

el cine
cinema

el anuncio
advert

el farol
street lamp

la calle
street

el taxi
taxi

la dulcería
snack shop

el peatón
pedestrian

la banqueta
pavement

el paso peatonal
zebra crossing

el bote de basura
bin

el cruce
crossing

el semáforo
traffic lights

la cabaña

hut

el apartamento

flat

la estación de tren

train station

el ayuntamiento

town hall

el museo

museum

la escuela

school

la universidad
university

el banco
bank

el hospital
hospital

el hotel
hotel

la farmacia
pharmacy

la oficina
office

la librería
book shop

la tienda
shop

la florería
florist's

el supermercado
supermarket

el mercado
market

las grandes tiendas
department store

la pescadería
fishmonger's

el centro comercial
shopping centre

el puerto
harbour

el parque

park

el banco

bench

el puente

bridge

las escaleras

stairs

el metro

underground

el túnel

tunnel

la parada de autobús

bus stop

el bar

bar

el restaurante

restaurant

el buzón

postbox

el letrero

street sign

el parquímetro

parking meter

el zoológico

zoo

la alberca

swimming pool

la mezquita

mosque

la granja

farm

la contaminación

pollution

el cementerio

graveyard

la iglesia

church

el área de niños

playground

el templo

temple

el paisaje

landscape

la hoja
leaf

la señal
signpost

el camino
way

la pradera
meadow

la piedra
stone

el árbol
tree

el caminante
hiker

el río
river

el pasto
grass

la flor
flower

el valle
valley

la montaña
hill

el lago
lake

el bosque
forest

el desierto
desert

el volcán
volcano

el castillo
castle

el arco iris
rainbow

el champiñón
mushroom

la palmera
palm tree

el mosquito
mosquito

la mosca
fly

la hormiga
ant

la abeja
bee

la araña
spider

el escarabajo

beetle

la rana

frog

la ardilla

squirrel

el erizo

hedgehog

la liebre

hare

la lechuza

owl

el pájaro

bird

el cisne

swan

el jabalí

boar

el ciervo

deer

el alce

moose

el embalse

dam

la turbina eólica

wind turbine

el panel solar

solar panel

el clima

climate

el camarero
waiter

el menú
menu

la silla
chair

la sopa
soup

la pizza
pizza

los cubiertos
cutlery

el mantel
tablecloth

la entrada
starter

el plato fuerte
main course

el postre
dessert

las bebidas
drinks

la comida
food

la botella
bottle

la comida rápida

fast food

la comida de la calle

street food

la tetera

teapot

la azucarera

sugar bowl

la porción

portion

la cafetera espresso

espresso machine

la periquera

high chair

la cuenta

bill

la charola

tray

el cuchillo

knife

el tenedor

fork

la cuchara

spoon

la cuchara de té

teaspoon

la servilleta

serviette

el vaso

glass

el plato

plate

el plato hondo

soup plate

el plato

saucer

la salsa

sauce

el salero

salt pot

el molino para pimienta

pepper mill

el vinagre

vinegar

el aceite

oil

las especias

spices

el kétchup

ketchup

la mostaza

mustard

la mayonesa

mayonnaise

la oferta especial
special offer

el cliente
customer

los productos lácteos
dairy

FOR

la fruta
fruit

el carrito para compras
trolley

la carnicería
butcher´s

la panadería
baker´s

pesar
weigh

los vegetales
vegetables

la carne
meat

los alimentos congelados
frozen food

las carnes frías

cold meat

los alimentos enlatados

tinned food

el detergente en polvo

washing powder

los dulces

sweets

los electrodomésticos

household products

productos de limpieza

cleaning products

la vendedora

salesperson

la caja

till

el cajero

cashier

la lista de compras

shopping list

el horario de atención al público

opening hours

la cartera

wallet

la tarjeta de crédito

credit card

la bolsa

bag

la bolsa de plástico

plastic bag

el agua

water

el jugo

juice

la leche

milk

el refresco de cola

coke

el vino

wine

la cerveza

beer

el alcohol

alcohol

el cacao

cocoa

el té

tea

el café

coffee

el espresso

espresso

el cappuccino

cappuccino

el plátano

banana

la manzana

apple

la naranja

orange

el melón

melon

el limón

lemon

la zanahoria

carrot

el ajo

garlic

el bambú

bamboo

la cebolla

onion

el champiñón

mushroom

las nueces

nuts

los fideos

noodles

los espaguetis

spaghetti

el arroz

rice

la ensalada

salad

las patatas fritas

chips

las patatas fritas

fried potatoes

la pizza

pizza

la hamburguesa

hamburger

el emparedado

sandwich

el filete

cutlet

el jamón

ham

el salami

salami

la salchicha

sausage

el pollo

chicken

el asado

roast

el pescado

fish

los copos de avena

porridge oats

el muesli

muesli

los copos de maíz

cornflakes

la harina

flour

el cuernito

croissant

el bolillo

bread roll

el pan

bread

la tostada

toast

las galletas

biscuits

la mantequilla

butter

la cuajada

curd

el pastel

cake

el huevo

egg

el huevo frito

fried egg

el queso

cheese

la comida - food

el helado

ice cream

el azúcar

sugar

la miel

honey

la mermelada

jam

la crema de chocolate

chocolate spread

el curry

curry

la comida - food

la granja
farmhouse

el granero
barn

una paca de paja
straw bale

el campo
field

el caballo
horse

el remolque
trailer

el potro
foal

el tractor
tractor

el burro
donkey

la oveja
sheep

el cordero
lamb

la cabra

goat

la vaca

cow

el ternero

calf

el cerdo

pig

el lechón

piglet

el toro

bull

el ganso

goose

el pato

duck

el pollo

chick

la gallina

hen

el gallo

cock

la rata

rat

el gato

cat

el ratón

mouse

el buey

ox

el perro

dog

la casa del perro

doghouse

la manguera

garden hose

la regadera

watering can

la guadaña

scythe

el arado

plough

la hoz

sickle

el azadón

hoe

la horquilla

pitchfork

el hacha

axe

la carretilla

wheelbarrow

el bebedero

trough

el bote de leche

milk can

el saco

sack

la valla

fence

el establo

stable

el invernadero

greenhouse

el suelo

soil

la semilla

seed

el fertilizador

fertilizer

la cosechadora

combine harvester

cosechar

harvest

la cosecha

harvest

el camote

yams

el trigo

wheat

la soja

soy

la patata

potato

el maíz

corn

la semilla de colza

rapeseed

el árbol frutal

fruit tree

la mandioca

cassava

las cereales

cereals

la chimenea
chimney

el tejado
roof

el canalón
drainpipe

la ventana
window

el garaje
garage

el timbre
doorbell

la puerta
door

el bote de basura
rubbish bin

el buzón
letterbox

el jardín
garden

la estancia

living room

el baño

bathroom

la cocina

kitchen

la recámara

bedroom

la recámara de los niños

child's room

el comedor

dining room

el suelo

floor

la pared

wall

el techo

ceiling

el sótano

cellar

el sauna

sauna

el balcón

balcony

la terraza

terrace

la alberca

pool

el cortacésped

lawn mower

la sábana

sheet

la colcha

bedspread

la cama

bed

la escoba

broom

el balde

bucket

el interruptor

switch

el papel para empapelar
wallpaper

la imagen
picture

la lámpara
lamp

el estante
shelf

la alacena
cupboard

la chimenea
fireplace

la televisión
television

la flor
flower

el cojín
cushion

el florero
vase

el sofá
sofa

el control remoto
remote control

la alfombra
carpet

la cortina
curtain

la mesa
table

la silla
chair

la mecedora
rocking chair

el sillón
armchair

el libro

book

la frazada

blanket

la decoración

decoration

la leña

firewood

la película

film

el equipo de música

hi-fi equipment

la llave

key

el periódico

newspaper

la pintura

painting

el póster

poster

la radio

radio

el cuaderno

notepad

la aspiradora

hoover

el cactus

cactus

la vela

candle

el refrigerador
fridge

el microondas
microwave oven

la báscula de cocina
kitchen scales

la tostadora
toaster

el detergente
detergent

el horno
oven

el congelador
freezer

el bote de basura
rubbish bin

el lavavajillas
dishwasher

la olla a presión

cooker

la olla

pot

la olla de hierro fundido

cast-iron pot

el wok

wok / kadai

la sartén

pan

el hervidor

kettle

la vaporera
steamer

la charola de horno
baking tray

la loza
crockery

la taza
mug

el bol
bowl

los palillos
chopsticks

el cucharón
ladle

la espátula
spatula

la batidora
whisk

el colador
strainer

el colador
sieve

el rallador
grater

el mortero
mortar

la barbacoa
barbecue

la fogata
open fire

la tabla para picar

chopping board

el rodillo para amasar

rolling pin

el sacacorchos

corkscrew

la lata

can

el abrelatas

can opener

el guante de cocina

pot holder

el fregadero

sink

el cepillo

brush

la esponja

sponge

la batidora

blender

el congelador

deep freezer

el biberón

baby bottle

la llave

tap

la calefacción
heating

la ducha
shower

la toalla
towel

la cortina de la ducha
shower curtain

el baño de espuma
bubble bath

la tina
bathtub

el vaso
glass

la lavadora
washing machine

la llave
tap

las baldosas
tiles

la bacinica
potty

el fregadero
sink

el inodoro

toilet

la letrina

squat toilet

el bidé

bidet

el mingitorio

urinal

el papel higiénico

toilet paper

el cepillo para baño

toilet brush

el cepillo de dientes

toothbrush

la pasta dental

toothpaste

el hilo dental

dental floss

lavar

wash

la ducha de mano

handheld shower

la ducha vaginal

douche

el fregadero

basin

el cepillo de espalda

back brush

el jabón

soap

el gel de ducha

shower gel

el champú

shampoo

la toallita

flannel

el drenaje

drain

la crema

cream

el desodorante

deodorant

el espejo

mirror

el espejo de tocador

hand mirror

la máquina para afeitar

razor

la espuma de afeitar

shaving foam

la loción para después de afeitar

aftershave

el peine

comb

el cepillo

brush

la secadora

hair dryer

la laca

hairspray

el maquillaje

makeup

el lápiz labial

lipstick

el esmalte para uñas

nail varnish

el algodón

cotton wool

las tijeras para uñas

nail scissors

el perfume

perfume

el baño - bathroom

el estuche para cosméticos

washbag

el taburete

stool

la báscula

weighing scale

la bata

bathrobe

los guantes de goma

rubber gloves

el tampón

tampon

la toalla sanitaria

sanitary towel

el baño móvil

chemical toilet

el despertador
alarm clock

el peluche
cuddly toy

el carro de juguete
toy car

la casa de muñecas
doll's house

el regalo
present

la sonaja
rattle

el globo

balloon

la cama

bed

la carriola

pram

las cartas

deck of cards

el rompecabezas

jigsaw

el cómic

comic

las piezas de lego

lego bricks

los bloques para jugar

building blocks

la figura de acción

action figure

el mameluco

babygrow

el frisbee

frisbee

el móvil para bebés

mobile

el juego de mesa

board game

los dados

dice

el tren eléctrico

model train set

el maniquí

dummy

la fiesta

party

el álbum de fotos

picture book

el balón

ball

la muñeca

doll

jugar

play

el arenero

sandpit

el columpio

swing

los juguetes

toys

la consola de videojuegos

video game console

el triciclo

tricycle

el oso de peluche

teddy bear

el clóset

wardrobe

la ropa
clothing

los calcetines

socks

las pantimedias

stockings

las mallas

tights

la bufanda
scarf

el paraguas
umbrella

la playera
t-shirt

el cinto
belt

las botas
boots

las chanclas
slippers

los tenis
trainers

las sandalias
....
sandals

los zapatos
....
shoes

las botas de goma
....
rubber boots

la ropa interior
....
underpants

el brasier
....
bra

el chaleco
....
vest

el body

body

los pantalones

trousers

los pantalones de mezclilla

jeans

la falda

skirt

la blusa

blouse

la camisa

shirt

el suéter

pullover

la sudadera

hoodie

el saco sport

blazer

la chamarra

jacket

el abrigo

coat

el impermeable

raincoat

el traje

costume

el vestido

dress

el vestido de novia

wedding dress

la ropa - clothing

el traje

suit

el camisón

nightgown

el pijama

pyjamas

el sari

sari

el pañuelo para la cabeza

headscarf

el turbante

turban

la burka

burqa

el caftán

kaftan

la abaya

abaya

el traje de baño

swimsuit

el short de baño

trunks

los shorts

shorts

los pants

tracksuit

el delantal

apron

los guantes

gloves

el botón

button

las gafas

glasses

el brazalete

bracelet

el collar

necklace

el anillo

ring

el arete

earring

la gorra

cap

el gancho

coat hanger

el sombrero

hat

la corbata

tie

el cierre

zip

el casco

helmet

los tirantes

braces

el uniforme

school uniform

el uniforme

uniform

el babero

bib

el maniquí

dummy

el pañal

nappy

el servidor
server

el archivo
filing cabinet

la impresora
printer

el papel
paper

el monitor
monitor

el escritorio
desk

el mouse
mouse

la carpeta
folder

el teclado
keyboard

el bote de basura
waste-paper basket

la computadora
computer

la silla
chair

la taza de café

coffee mug

la calculadora

calculator

el internet

internet

la notebook

laptop

la carta

letter

el mensaje

message

el móvil

mobile

la red

network

la fotocopiadora

photocopier

el software

software

el teléfono

telephone

el tomacorriente

plug socket

el fax

fax machine

el formulario

form

el documento

document

comprar

buy

pagar

pay

hacer negocios

trade

el dinero

money

el dólar

dollar

el euro

euro

el yen

yen

el rublo

rouble

el franco suizo

Swiss franc

el yuan

renminbi yuan

la rupia

rupee

el cajero automático

cashpoint

la casa de cambio

bureau de change

el oro

gold

la plata

silver

el petróleo

oil

la energía

energy

el precio

price

el contrato

contract

el impuesto

tax

la acción

stock

trabajar

work

el empleado

employee

el empleador

employer

la fábrica

factory

la tienda

shop

el policía
police officer

el bombero
fireman

el cocinero
cook

el médico
doctor

el piloto
pilot

el jardinero

gardener

el carpintero

carpenter

la costurera

seamstress

el juez

judge

el farmacéutico

chemist

el actor

actor

el conductor de autobús

bus driver

el taxista

taxi driver

el pescador

fisherman

la señora de la limpieza

cleaning lady

el instalador de techos

roofer

el camarero

waiter

el cazador

hunter

el pintor

painter

el panadero

baker

el electricista

electrician

el obrero

builder

el ingeniero

engineer

el carnicero

butcher

el plomero

plumber

el cartero

postman

el soldado
soldier

el arquitecto
architect

el cajero
cashier

el florista
florist

el peluquero
hairdresser

el cobrador
conductor

el mecánico
mechanic

el capitán
captain

el dentista
dentist

el científico
scientist

el rabino
rabbi

el imán
imam

el monje
monk

el sacerdote
clergyman

el martillo
hammer

la pinza
pliers

el desarmador
screwdriver

la llave
spanner

la linterna
torch

la excavadora

digger

la caja de herramientas

toolbox

la escalera de mano

ladder

la sierra

saw

los clavos

nails

el taladro

drill

reparar

repair

la pala

shovel

¡Maldición!

Damn!

el recogedor

dustpan

el bote de pintura

paint pot

los tornillos

screws

los instrumentos musicales
musical instruments

el altavoz
loudspeaker

la batería
drum kit

la guitarra
guitar

el contrabajo
double bass

la trompeta
trumpet

el piano

piano

el violín

violin

el bajo

bass

los timbales

timpani

el tambor

drums

el teclado

keyboard

el saxofón

saxophone

la flauta

flute

el micrófono

microphone

el tigre
tiger

la entrada
entrance

la jaula
cage

la cebra
zebra

el alimento para animales
animal feed

el oso panda
panda

los animales

animals

el elefante

elephant

el canguro

kangaroo

el rinoceronte

rhino

el gorila

gorilla

el oso

bear

el camello

camel

el avestruz

ostrich

el león

lion

el mono

monkey

el flamenco

flamingo

el loro

parrot

el oso polar

polar bear

el pingüino

penguin

el tiburón

shark

el pavo real

peacock

la serpiente

snake

el cocodrilo

crocodile

el guardián de zoológico

zookeeper

la foca

seal

el jaguar

jaguar

el poni

pony

el leopardo

leopard

el hipopótamo

hippo

la jirafa

giraffe

el águila

eagle

el jabalí

boar

el pescado

fish

la tortuga

turtle

la morsa

walrus

el zorro

fox

la gacela

gazelle

el fútbol americano
American football

el ciclismo
cycling

el tenis
tennis

el baloncesto
basketball

la natación
swimming

el boxeo
boxing

el hockey sobre hielo
ice hockey

el fútbol
football

el bádminton
badminton

el atletismo
athletics

el handball
handball

el esquí
skiing

el polo
polo

saltar
jump

reír
laugh

abrazar
hug

cantar
sing

caminar
walk

soñar
dream

rezar
pray

besar
kiss

escribir
write

dibujar
draw

mostrar
show

empujar
push

dar
give

tomar
take

tener

have

hacer

do

ser

be

estar parado

stand

correr

run

jalar

pull

arrojar

throw

caer

fall

estar acostado

lie

esperar

wait

llevar

carry

estar sentado

sit

vestirse

get dressed

dormir

sleep

despertar

wake up

las actividades - activities

mirar

look at

llorar

cry

acariciar

stroke

peinar

comb

hablar

talk

entender

understand

preguntar

ask

escuchar

listen

beber

drink

comer

eat

ordenar

tidy up

amar

love

cocinar

cook

conducir

drive

volar

fly

navegar

sail

calcular

calculate

leer

read

aprender

learn

trabajar

work

casarse

marry

coser

sew

cepillarse los dientes

brush teeth

matar

kill

fumar

smoke

enviar

send

la abuela
grandmother

el abuelo
grandfather

el padre
father

la madre
mother

el bebé
baby

la hija
daughter

el hijo
son

el invitado

guest

la tía

aunt

el tío

uncle

el hermano

brother

la hermana

sister

la frente
forehead

el ojo
eye

el hombro
shoulder

el dedo
finger

la cara
face

la barbilla
chin

la mano
hand

el pecho
breast

la pierna
leg

el brazo
arm

el bebé

baby

el hombre

man

la mujer

woman

la niña

girl

el niño

boy

la cabeza

head

la espalda

back

la barriga

belly

el ombligo

belly button

el dedo del pie

toe

el talón

heel

el hueso

bone

la cadera

hip

la rodilla

knee

el codo

elbow

la nariz

nose

las pompis

bottom

la piel

skin

la mejilla

cheek

el oído

ear

el labio

lip

el cuerpo - body

la boca

mouth

el diente

tooth

la lengua

tongue

el cerebro

brain

el corazón

heart

el músculo

muscle

el pulmón

lung

el hígado

liver

el estómago

stomach

los riñones

kidneys

el sexo

sex

el condón

condom

el óvulo

ovum

el semen

semen

el embarazo

pregnancy

el cuerpo - body

la menstruación

menstruation

la vagina

vagina

el pene

penis

la ceja

eyebrow

el cabello

hair

el cuello

neck

el hospital
hospital

la ambulancia
ambulance

la silla de ruedas
wheelchair

la fractura
fracture

el médico

doctor

la sala de emergencias

emergency room

la enfermera

nurse

la emergencia

emergency

inconsciente

unconscious

el dolor

pain

la lesión

injury

la hemorragia

bleeding

el infarto

heart attack

el accidente
cerebrovascular

stroke

la alergia

allergy

la tos

cough

la fiebre

fever

la gripa

flu

la diarrea

diarrhoea

el dolor de cabeza

headache

el cáncer

cancer

la diabetes

diabetes

el cirujano

surgeon

el bisturí

scalpel

la operación

operation

TC
CT

los rayos x
x-ray

el ultrasonido
ultrasound

la mascarilla
face mask

la enfermedad
disease

la sala de espera
waiting room

la muleta
crutch

la vendita
plaster

el vendaje
bandage

la inyección
injection

el estetoscopio
stethoscope

la camilla
stretcher

el termómetro
clinical thermometer

el nacimiento
birth

el sobrepeso
overweight

el audífono

hearing aid

el desinfectante

disinfectant

la infección

infection

el virus

virus

VIH / SIDA

HIV / AIDS

la medicina

medicine

la vacunación

vaccination

las tabletas

tablets

la pastilla anticonceptiva

pill

la llamada de emergencia

emergency call

el medidor de presión

blood pressure monitor

enfermo / sano

ill / healthy

¡Socorro!

Help!

la alarma

alarm

la agresión

assault

el ataque

attack

el peligro

danger

la salida de emergencia

emergency exit

¡Fuego!

Fire!

el extintor de incendios

fire extinguisher

el accidente

accident

el botiquín de primeros auxilios

first-aid kit

SOS

SOS

la policía

police

Europa

Europe

Norteamérica

North America

Sudamérica

South America

África

Africa

Asia

Asia

Australia

Australia

el Atlántico

Atlantic

el Pacífico

Pacific

el Océano Índico

Indian Ocean

el Océano Antártico

Antarctic Ocean

el Océano Ártico

Arctic Ocean

el polo norte

North Pole

el polo sur

South Pole

la Antártida

Antarctica

la tierra

Earth

la tierra

land

el mar

sea

la isla

island

la nación

nation

el estado

state

la esfera

clock face

la manecilla de las horas

hour hand

el minutero

minute hand

el segundero

second hand

¿Qué hora es?

What time is it?

el día

day

la hora

time

ahora

now

el reloj digital

digital watch

el minuto

minute

la hora

hour

lunes / Monday
miércoles / Wednesday
viernes / Friday
martes / Tuesday
jueves / Thursday
sábado / Saturday
domingo / Sunday

ayer

yesterday

hoy

today

mañana

tomorrow

la mañana

morning

el mediodía

noon

la tarde

evening

los días laborables

business days

el fin de semana

weekend

la lluvia
rain

el arco iris
rainbow

la nieve
snow

el viento
wind

la primavera
spring

el otoño
autumn

el verano
summer

el invierno
winter

el pronóstico del tiempo

weather forecast

el termómetro

thermometer

el sol

sunshine

la nube

cloud

la niebla

fog

la humedad

humidity

el rayo

lightning

el trueno

thunder

la tormenta

storm

el granizo

hail

el monzón

monsoon

la inundación

flood

el hielo

ice

enero

January

febrero

February

marzo

March

abril

April

mayo

May

junio

June

julio

July

agosto

August

el año - year

septiembre

September

octubre

October

noviembre

November

diciembre

December

el círculo

circle

el cuadrado

square

el rectángulo

rectangle

el triángulo

triangle

la esfera

sphere

el cubo

cube

blanco

white

amarillo

yellow

naranja

orange

rosa

pink

rojo

red

morado

purple

azul

blue

verde

green

marrón

brown

gris

grey

negro

black

mucho / poco

a lot / a little

enojado / tranquilo

angry / calm

bonito / feo

beautiful / ugly

principio / fin

beginning / end

grande / pequeño

big / small

claro / oscuro

bright / dark

el hermano / la hermana

brother / sister

limpio / sucio

clean / dirty

completo / incompleto

complete / incomplete

el día / la noche

day / night

muerto / vivo

dead / alive

ancho / angosto

wide / narrow

comestible / no comestible

edible / inedible

malo / amable

evil / kind

entusiasmado / aburrido

excited / bored

gordo / delgado

fat / thin

primero / último

first / last

el amigo / el enemigo

friend / enemy

lleno / vacío

full / empty

duro / blando

hard / soft

pesado / ligero

heavy / light

el hambre / la sed

hunger / thirst

enfermo / sano

ill / healthy

ilegal / legal

illegal / legal

inteligente / tonto

intelligent / stupid

izquierda / derecha

left / right

cerca / lejos

near / far

nuevo / usado

new / used

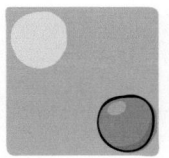

nada / algo

nothing / something

viejo / joven

old / young

encendido / apagado

on / off

abierto / cerrado

open / closed

silencioso / ruidoso

quiet / loud

rico / pobre

rich / poor

correcto / incorrecto

right / wrong

áspero / suave

rough / smooth

triste / contento

sad / happy

corto / largo

short / long

lento / rápido

slow / fast

húmedo / seco

wet / dry

caliente / frío

warm / cool

guerra / paz

war / peace

los números

numbers

0

cero

zero

1

uno

one

2

dos

two

3

tres

three

4

cuatro

four

5

cinco

five

6

seis

six

7

siete

seven

8

ocho

eight

9

nueve

nine

10

diez

ten

11

once

eleven

12

doce

twelve

13

trece

thirteen

14

catorce

fourteen

15

quince

fifteen

16

dieciséis

sixteen

17

diecisiete

seventeen

18

dieciocho

eighteen

19

diecinueve

nineteen

20

veinte

twenty

100

cien

hundred

1.000

mil

thousand

1.000.000

el millón

million

los números - numbers

el inglés

English

el inglés americano

American English

el chino mandarín

Chinese Mandarin

el hindi

Hindi

el español

Spanish

el francés

French

el árabe

Arabic

el ruso

Russian

el portugués

Portuguese

el bengalí

Bengali

el alemán

German

el japonés

Japanese

yo

I

tú

you

él / ella

he / she / it

nosotros

we

vosotros

you

ellos

they

¿quién?

who?

¿qué?

what?

¿cómo?

how?

¿dónde?

where?

¿cuándo?

when?

HELLO, I AM

el nombre

name

detrás

behind

en

in

delante de

in front of

por encima de

over

sobre

on

debajo de

under

junto a

beside

entre

between

el lugar

place